TRANSPORTS

PAR CHEMINS DE FER

DROITS & DEVOIRS

DES EXPÉDITEURS ET DES DESTINATAIRES

MARCHANDISES

(Petite Vitesse et Grande Vitesse)

COLIS POSTAUX

CH. RAGOT

DIJON

1906

Prix : 1 franc.

TRANSPORTS

PAR CHEMINS DE FER

DROITS & DEVOIRS
DES EXPÉDITEURS ET DES DESTINATAIRES

MARCHANDISES

(Petite Vitesse et Grande Vitesse)

COLIS POSTAUX

CH. RAGOT

DIJON

1906

PRIX : 1 franc.

AVERTISSEMENT

Les renseignements que le public trouvera dans ce Guide sont donnés d'une manière très succincte, car le développement des questions qui y sont traitées nécessiterait l'emploi de plusieurs volumes.

Ces indications sont simplement destinées à éclairer de prime abord les expéditeurs et les destinataires sur leurs droits et leurs devoirs, en attendant qu'ils puissent prendre contact avec l'Agence, dans le cas où ils n'obtiendraient pas satisfaction des Compagnies.

Les renseignements sont donnés gratuitement **aux clients** contre un timbre pour la réponse.

TRANSPORTS
PAR CHEMINS DE FER

CHAPITRE I

PETITE VITESSE

Avaries, pertes, manquants.
Avis de souffrance.
Chargement et déchargement des wagons (délais).
Déchets de route.
Délais de transport.
Demande de wagons.
Emballages.
Expertises.
Laissé pour compte.
Lettres d'avis.
Magasinage.
Ordre des expéditeurs.
Ouverture et fermeture des gares.
Pesage.
Propriété de la marchandise au point de vue de la responsabilité du transport en cours de route.
Propriété de la marchandise avant la livraison au destinataire.
Remboursements.
Retards.
Tarif spécial. Tarif réduit.

CHAPITRE II

GRANDE VITESSE

Bagages.
Délais de transport.
Droits de magasinage.
Expéditions des marchandises.
Ouverture et fermeture des gares.
Pesage.

COLIS POSTAUX

Voir à la fin la Table des Matières

CHAPITRE Ier

Avaries, Pertes, Manquants

Les Compagnies sont responsables des marchandises qu'elles transportent, sauf le *cas de force majeure*, du *cas fortuit* et du *vice propre de la chose* (loi du 29 mars 1905 et art. 103 du commerce).

Du cas de force majeure. — Il faut entendre des faits que la vigilance ou la prudence ne peuvent ni prévoir, ni empêcher, telle une guerre par exemple.

Du cas fortuit. — Le cas fortuit est un évènement, tel qu'une inondation subite, un incendie, un froid excessif, en un mot, une cause imprévue et dont personne n'est responsable.

Du vice propre de la chose. — Le vice propre de la chose est une tare, un défaut qui découle de la nature même de l'objet transporté ou de son emballage.

Un fut mal conditionné paraissant bon au moment de sa remise en gare, peut couler en cours de route sous l'influence de la température, ou un emballage trop léger ou défectueux peut amener une avarie dans le cours du transport. Ce sont là des cas dus au vice propre de la chose, dont la Compagnie ne peut être déclarée responsable.

Sauf ces trois cas, les Compagnies sont responsables des objets qu'elles transportent; par conséquent, le destinataire, avant de prendre livraison des marchandises qui lui sont destinées, doit s'assurer qu'elles sont en bon état, sinon il doit surseoir à la livraison et inviter, par lettre recommandée, le chef de gare à l'indemniser ou à lui fournir la preuve, au moyen d'une expertise, que l'avarie, la perte ou les manquants ne proviennent pas d'une faute de la Compagnie, mais bien d'un des trois cas cités plus haut.

L'acceptation des marchandises sous réserves, les constatations faites par les chefs de gare, et les promesses verbales de ces derniers, sont en justice radicalement nulles. L'expertise est seule valable, à moins que le chef de gare ne consente *par écrit* à reconnaître les avaries, pertes ou manquants et qu'il s'engage à en payer le montant.

Aucune procédure ne peut du reste remplacer l'expertise, qui est représentée par l'article 106 du Code de commerce, lequel est ainsi conçu :

« En cas de refus ou contestation pour la réception des objets transportés, leur état est vérifié et constaté par des experts nommés par le président du tribunal de commerce ou, à son défaut, par le juge de paix, et par ordonnance au pied d'une requête. »

MODÈLE

d'une lettre recommandée à envoyer au Chef de Gare lorsqu'on constate des avaries ou des manquants

---

Date.

MONSIEUR LE CHEF DE GARE DE

J'ai l'honneur de vous informer que, m'étant rendu en votre gare pour prendre livraison de (indiquer la nature des marchandises, le nombre des colis, leur provenance et le nom de l'expéditeur), j'ai constaté *tels ou tels manquants ou avaries* (les indiquer clairement et en évaluer le montant).

Dans ces conditions, j'ai cru devoir surseoir à la livraison et viens, par les présentes, vous inviter à me payer la somme de ou à me prouver, au moyen d'une expertise, qui sera faite en conformité de l'article 106 du code de commerce et de la loi du 29 mars 1905, que les manquants ou les avaries ont eu pour cause le vice propre de la chose, la force majeure ou un cas fortuit, et que, de ces faits, la responsabilité de la compagnie est entièrement dégagée.

Je fais, en outre, toutes réserves que de droit pour le retard dans la livraison de mes marchandises dans le cas où vous ne croiriez pas devoir observer de suite les prescriptions prévues par la loi ou que l'expertise à intervenir mettrait à la charge de la compagnie les avaries ou les manquants signalés plus haut.

Veuillez agréer, etc.

Au reçu de cette lettre, le chef de gare devra ou payer le montant des avaries, pertes ou manquants, ou provoquer une expertise en conformité de l'article 106 du commerce, dans le but de dégager la responsabilité de la Compagnie.

Le destinataire pourra lui-même, s'il le juge convenable, présenter requête soit au président du tribunal de commerce, soit au juge de paix, pour obtenir la nomination d'un expert.

Formule de requête

A Monsieur le Président du Tribunal de commerce de...... (ou à Monsieur le Juge de paix du canton d.......).

Le soussigné....., propriétaire (négociant, etc.), demeurant à....., a l'honneur de vous exposer que le.... de ce mois, il a reçu du chemin de fer de.... (colis, nature, poids, etc.), qui lui ont été envoyés par le sieur....

Il a constaté à la vérification de ces colis que.... (désigner très exactement les avaries ou manquants), dont le représentant de la compagnie n'a pas accepté la responsabilité. Il a donc refusé d'en prendre livraison.

En conséquence, le requérant a l'honneur de vous prier de vouloir bien désigner tel expert qu'il vous plaira nommer pour procéder en gare de..., en présence de la compagnie du chemin de fer dûment appelée, à la vérification de l'état desdits colis, la recherche des faits *précis et déterminés* ayant occasionné l'avarie (manquant), et à l'estimation du dommage éprouvé.

La procédure, les Compagnies le savent bien, effraie le plus souvent le commerçant, mais en la circonstance le destinataire ne saurait s'inquiéter outre mesure des suites que peut avoir la nomination d'experts, car si le rapport conclut à la responsabilité de la Compagnie, celle-ci se soumettra aux conclusions dudit rapport ; si, au contraire, le rapport n'est pas favorable à l'expéditeur ou au destinataire, il y aura lieu de prendre livraison et de payer les quelques frais qui auront été occasionnés par l'expertise.

Le destinataire pourra assister à l'expertise et pourra donner à l'expert toutes les indications qu'il jugera utiles sur les causes des avaries, pertes ou manquants ; il pourra aussi, pour plus de sûreté, inviter l'expéditeur à assister à l'expertise. (Voir effets de l'expertise).

Avis de souffrance

La Compagnie est tenue, en cas de souffrance de la marchandise à la gare destinataire, d'aviser directement l'expéditeur.

Cet avis est mis à la poste par la gare destinataire dans les 24 heures qui suivent la constatation du fait matériel qui s'oppose à la livraison au destinataire.

On entend par marchandises en souffrance :

1° Celles qui ont été refusées par le destinataire ;

2° Celles dont le destinataire est inconnu ou n'habite pas le domicile indiqué ;

3° Celles qui n'ont pas été réclamées dans les délais réglementaires.

Chargement des wagons (délais)

Le chargement des wagons doit être complètement effectué dans le courant de la journée où ils ont été mis à disposition, pourvu que l'avis ait été adressé à l'expéditeur de façon à lui parvenir la veille avant 6 heures du soir et que les wagons soient en gare au moment de l'ouverture ; sinon le délai est augmenté de 24 heures. Si le wagon n'est pas chargé dans la journée, il est dû un droit de 10 fr. de stationnement par période de 24 heures.

Déchargement des wagons (délais)

La Compagnie est tenue de mettre les wagons à la disposition du destinataire au plus tard le lendemain de l'envoi de la lettre d'avis, à l'ouverture de la gare.

Ils doivent être déchargés dans le courant de la journée où ils ont été mis à disposition, pourvu que l'avis ait été adressé de façon à être remis au destinataire la veille, avant 6 heures du soir ; dans le cas contraire, les délais pour opérer le déchargement sont augmentés de 24 heures.

Déchets de route

Le déchet de route est une diminution matérielle de la chose transportée.

L'article 32 de la convention de Berne accorde une tolérance de 2 o/o aux Compagnies sur les marchandises liquides ou soumises à l'état humide et de certaines marchandises sèches, et 1 o/o sur les autres marchandises.

La convention de Berne a pour ainsi dire la valeur d'une loi, puisque toutes les Compagnies françaises et étrangères ont adhéré à cet arrangement international.

Dans le cas où les déchets de route dépasseraient les proportions ci-dessus, les destinataires devraient considérer que ces déchets ne seraient en réalité que des pertes, et pour se faire indemniser ils devront se conformer aux prescriptions indiquées aux mots : avaries, pertes, manquants.

Délais de transport P. V.

Lorsque les marchandises sont transportées aux conditions du tarif général, les délais sont calculés sur certaines lignes à raison de 24 heures par fraction de 1 à 150 kilomètres, et sur d'autres lignes, de 1 à 200 kilomètres.

A ces distances doivent s'ajouter, savoir :

Pour la remise des marchandises	1 jour.
Pour le délai d'expédition	1 —
Pour celui de la livraison	1 —
Soit pour une distance de 1 à 150 kilomètres ..	4 —
— 1 à 200 — ..	4 —

Lorsque les marchandises passent d'un réseau à un autre réseau, il faut encore ajouter à ces délais, et outre des distances kilométriques, 1 jour aux points de transit.

Et enfin, lorsque les marchandises voyagent aux conditions des tarifs spéciaux, les Compagnies peuvent prolonger les délais ci-dessus de 5 jours et même de 10 jours pour le transport de certaines marchandises.

En résumé, les délais doivent être calculés de la manière suivante, en prenant pour base les fractions de distances de 1 à 150 kilomètres :

EXEMPLES

Expéditions de Dijon-Ville Paris-Bercy au tarif général
(315 kilomètres)

Remise des marchandises................	1 jour
Délai d'expédition........................	1 jour
Délai de transport, 315 kilomètres.........	3 jours
Livraison....................................	1 jour
Au total..........	6 jours

Si les marchandises sont transportées aux conditions du tarif spécial, ces délais sont augmentés ordinairement de......	5 jours
Soit en tout.......	11 jours

Expéditions faites de Dijon-Ville sur Chaumont
(Réseaux successifs)

Remise des marchandises.................	1 jour
Délai d'expédition.......................	1 jour
P.-L.-M., délai de transport 28 kilomètres.	1 jour
Transmission à Is-sur-Tille................	1 jour
Est, délai de transport, 90 kilomètres......	1 jour
Livraison....................................	1 jour
Au tarif général...	6 jours
Au tarif spécial....	5 jours en plus
Au total..........	11 jours

Demande de wagons

Les expéditeurs doivent faire connaître par écrit à la gare de départ le *nombre* de wagons qui leur sont nécessaires pour expédier leur marchandise; ils indiqueront la *nature, le poids approximatif, le réseau destinataire*, si l'expédition doit être faite au *tarif général* ou au tarif *spécial*. (Il a été jugé que l'absence d'une de ces indications entraîne la nullité de la demande.)

La Compagnie doit, de son côté, dans la journée qui suit la réception de la demande, pourvu qu'elle ait été adressée de manière à lui parvenir avant l'heure de la fermeture de la gare, informer par lettre l'expéditeur du jour et de l'heure où les wagons seront mis à sa disposition.

Observations

La réponse de la compagnie est obligatoire, et les tribunaux ont toujours condamné en des dommages intérêts celles qui ne se conformaient pas à ces prescriptions.

En un mot, si la gare n'a pas sous la main le matériel nécessaire pour l'expédition des marchandises, elle doit toujours, en vertu des arrêtés ministériels, indiquer par lettre le jour et l'heure où les véhicules seront à disposition.

Emballages

L'emballage des colis doit être en bon état, les compagnies ne sont pas tenues d'accepter non emballées les marchandises que le commerce est dans l'usage d'emballer, par contre elles ne peuvent exiger un emballage pour les marchandises qui s'expédient habituellement sans l'être.

Elles ne sont pas tenues non plus d'accepter celles qui présentent un emballage défectueux, ni celles qui présentent des traces de détérioration.

Le conditionnement des marchandises est un point sur lequel il y a lieu d'attirer l'attention des expéditeurs, car il peut arriver que les avaries survenues en cours de route soient dûes à un emballage défectueux et que l'expertise les mettent à la charge de l'expéditeur ; c'est le cas qu'il convient d'appeler « le vice propre de la chose ».

Expertises. — Ses Effets

Il est entendu que les Compagnies sont responsables des marchandises qu'elles transportent, sauf le cas de force majeure, du cas fortuit et du vice propre de la chose.

L'expertise a été instituée par l'article 106 du Code de Commerce, à l'effet de déterminer les causes des avaries, des pertes et des manquants et de rendre responsable, soit la Compagnie, soit l'expéditeur, soit enfin celui au nom duquel la marchandise voyage dans le cours du transport.

Si, en effet, l'expert démontre que les avaries, les pertes ou les manquants proviennent par exemple d'un choc, d'un coup de tampon ou de toutes autres causes bien déterminées pouvant être attribuées à la négligence de la Compagnie, cette dernière devra supporter les fautes qui lui incombent et elle sera condamnée à payer au demandeur des dommages intérêts pour le préjudice qui a été causé.

Si le rapport conclut au contraire à ce que les avaries, pertes ou manquants, sont dûs à un cas de force majeure, ou à un cas fortuit, la responsabilité de la

Compagnie est entièrement dégagée pour être mise à la charge de celui auquel la marchandise appartient, selon que les conditions de vente ont été faites.

(Voir propriété de la marchandise en cours de route au point de vue du transport.)

Et enfin, si l'expert constate et déclare que les avaries, pertes ou manquants, sont dûs à un emballage défectueux, à un fût mal conditionné, laissant couler le liquide par suite de l'influence de la température bien qu'ayant été remis en gare en bon état, la faute incombera dans ce cas à l'expéditeur et sera considérée comme provenant du « vice propre de la chose ».

Pour éviter des discussions et des malentendus, il sera toujours bon que les destinataires invitent les expéditeurs à assister aux expertises, de façon à ce que ces derniers puissent le cas échéant défendre leurs intérêts.

L'expertise, il est vrai, étant faite en conformité de la loi, les parties n'ont qu'à s'incliner devant le rapport d'experts, mais il est toujours permis néanmoins d'y inviter les intéressés.

Laissé pour Compte

Le laissé pour compte n'est généralement admis par les Tribunaux que dans l'hypothèse où les marchandises ayant subi des *avaries*, des *pertes*, des *manquants* ou du *retard*, *seraient dans un tel état qu'on ne pourrait plus les vendre, ou qu'elles seraient impropres à tout emploi.*

Cette question du laissé pour compte étant très délicate à trancher, en raison des diverses interprétations qui ont été données par les tribunaux qui ont eu ces causes à juger, nous conseillons aux destinataires de se conformer aux indications qui sont données pour les *avaries*, *pertes* ou *manquants* qui se produiraient en cours de route.

Et s'il s'agit d'un retard, prendre livraison des marchandises et actionner la Compagnie en dommages-intérêts. (Voir *retards.*)

Le laissé pour compte et ses effets

Les destinataires croient en général que lorsque les marchandises arrivent en retard ou avariées, il est de leur devoir de les laisser pour compte à la Compagnie ; c'est là une grave erreur de laquelle il peut résulter des ennuis, des frais de magasinage et le plus souvent des procès.

L'article 106 du Code de commerce a été institué par la loi à l'effet de trancher par une expertise les différends qui peuvent exister ; il faut donc s'y conformer avant de songer à faire l'abandon des marchandises à la Compagnie.

Cette question a été jugée par les tribunaux.

Le fait de laisser pour compte les marchandises à la Compagnie oblige celle-ci à en référer à l'expéditeur, et si ce dernier par malheur est imbu des mêmes idées que le destinataire, la Compagnie est obligée, pour se couvrir de ses frais de transport, de présenter une requête au Président du Tribunal de Commerce pour faire vendre les marchandises.

Cette formalité étant remplie et les marchandises vendues, il n'est plus possible de reconstituer les causes des avaries, des pertes ou des manquants, et d'établir les responsabilités, de là procès en paiement des marchandises et condamnation des destinataires pour n'avoir pas, conformément à la loi, demandé une expertise.

Lettres d'avis

Les Compagnies peuvent aviser les destinataires de l'arrivée en gare des marchandises qui leur sont destinées, mais elles ne sont pas tenues de le faire (arrêts de la Cour de Cass.). C'est à ceux-ci de les réclamer à l'expiration dès délais de transport.

L'avis d'arrivée des marchandises peut être donné, au choix de la Compagnie, soit par la poste, soit par le télégraphe, soit par message téléphonique, soit par exprès, sans que les frais puissent dépasser o fr. 15, mais si le destinataire a réclamé l'emploi du télégraphe, du téléphone ou d'une lettre recommandée, il doit en supporter le surcroît de taxe.

La non obligation par les Compagnies de ne pas aviser les destinataires donne lieu souvent à des confusions regrettables; aussi, afin de les éviter, nous engagerons les destinataires à calculer approximativement les délais de transport, et, lorsqu'ils s'apercevront que ceux-ci menacent d'être dépassés, ils écriront une lettre recommandée au chef de gare afin de l'informer que les marchandises attendues lui font défaut et qu'à leur arrivée il veuille bien de suite en donner avis.

Cette lettre prouvera au besoin que les dires du destinataire sont exacts et que la Compagnie n'a pu, à l'expiration des délais, mettre les marchandises à la disposition du demandeur.

Magasinage des expéditions par wagons complets

Chargement des wagons

Lorsque le chargement des wagons n'est pas effectué dans le courant de la journée où ils ont été mis à la disposition de l'expéditeur, il est dû à la Compagnie : 10 fr. par wagon pour chacune des trois premières périodes de 24 heures.

12 fr. par wagon pour chaque période de 24 heures, en sus des trois premières.

Déchargement des wagons

Les wagons doivent être complètement déchargés dans le courant de la journée où ils ont été mis à la disposition du destinataire, faute de quoi il est dû à la Compagnie :

10 fr. par wagon pour chacune des trois premières périodes de 24 heures.

12 fr. par wagon pour chaque période de 24 heures, en sus des trois premières.

Wagons appartenant à des particuliers

Les droits de stationnement fixés plus haut sont réduits pour ces wagons à :

5 fr. par wagon pour chacune des trois premières périodes de 24 heures.

6 fr. par wagon pour chaque période de 24 heures, en sus des trois premières.

Magasinage des expéditions partielles

Lorsque les marchandises adressées en gare ne sont pas enlevées, pour quelque cause que ce soit, dans les délais déterminés par l'article 52, il est perçu, pour le magasinage, un droit fixé, par fraction indivisible de 100 kilogrammes, à :

o fr. o5 c. pour la première période de 24 heures ;
o o5 pour la deuxième période de 24 heures ;
o o5 pour la troisième période de 24 heures ;
o 10 pour la quatrième période de 24 heures ;
o 15 pour la cinquième période de 24 heures ;
o 20 pour chaque période de 24 heures en sus des précédentes.

Dans tous les cas, le minimum de perception est fixé à o fr. 10 c.

Les droits ci-dessus fixés sont également applicables aux marchandises adressées à domicile et dont le destinataire serait absent ou inconnu ou refuserait de prendre livraison, à la condition qu'avis de ces circonstances sera adressé immédiatement par les Compagnies à l'expéditeur ou au cédant.

Dans ce cas, les frais de retour des colis à la gare sont à la charge de la marchandise.

Les mêmes droits de magasinage seront perçus au départ et dès l'expiration des 24 heures qui suivront la remise en gare, pour les marchandises que les Compagnies consentiraient, sur la demande de l'expéditeur, à conserver sur leurs quais ou dans leurs magasins au delà de ce délai, les Compagnies n'étant tenues, d'ailleurs, d'accepter que les marchandises prêtes à être expédiées.

Les droits de magasinage sont décomptés par 24 heures.

Les Compagnies ne sont pas tenues d'aviser les destinataires de l'arrivée en gare des marchandises, mais elles nè peuvent néanmoins réclamer les frais de magasinage qu'autant qu'elles leur ont envoyé une lettre d'avis.

Ordre des expéditeurs

lorsque les marchandises sont en cours de route

Lorsque pour une cause quelconque les expéditeurs ont à donner des ordres afin que les marchandises qui sont en cours de route ne soient pas livrées ou qu'elles reçoivent une direction autre que celle qui a été donnée primitivement, ils doivent toujours, à peine de nullité, transmettre ces ordres à la gare expéditrice et non à la gare destinataire.

Les Compagnies ne peuvent livrer les marchandises au destinataire, si l'expéditeur, comme il vient d'être dit, leur en a fait la défense.

Ouverture et fermeture des gares

Du 16 mars au 15 octobre, les gares sont ouvertes pour la réception et la livraison des marchandises à petite vitesse à 6 heures du matin au plus tard et fermées au plus tôt à 6 heures du soir.

Du 16 octobre au 15 mars, elles sont ouvertes de 7 heures du matin au plus tard et fermées au plus tôt à 5 heures du soir.

Pesage

Il est perçu, pour toute marchandise qui, sur la demande de l'expéditeur ou du destinataire, serait soumise à un pesage en dehors de celui que la Compagnie doit faire à ses frais, au départ, pour établir la taxe, un droit de 0 fr. 10 par 100 kilos ou fraction de 100 kilos et par chaque pesage supplémentaire.

Par wagon complet, ce droit est de 0 fr. 30 par tonne indivisible avec un minimum de 1 fr. et un maximum de 2 fr. par wagon de 10 tonnes et 3 fr. par wagon de plus de 10 tonnes.

La taxe du pesage supplémentaire n'est pas exigible si ce pesage constate une erreur commise au préjudice de l'expéditeur ou du destinataire.

Propriété de la marchandise

au point de vue de la responsabilité des avaries, pertes, manquants ou retards en cours de route

Aux termes des articles 1138 du Code civil et 100 du Code de commerce, c'est le propriétaire de la marchandise qui court le risque du transport en cours de route, c'est-à-dire l'acheteur, si les marchandises sont vendues prises en gare de départ, et le vendeur, si elles sont vendues livrables en gare ou à domicile.

Cette question est intéressante à connaître pour établir les responsabilités lorsque les avaries, pertes, manquants ou retards proviennent d'un cas de force majeure, ou d'un cas fortuit, lesquels cas, comme on le sait, n'engagent pas la responsabilité de la Compagnie, mais au contraire celle du propriétaire de la marchandise.

Les expéditeurs ou les destinataires, selon les termes du contrat de vente qui les lie, sont donc responsables des avaries, pertes, manquants ou retards, lorsque l'expertise démontre qu'ils proviennent d'un cas de force majeure ou d'un cas fortuit.

Propriété de la marchandise avant la livraison

Une Compagnie ne peut remettre la marchandise au destinataire lorsque l'expéditeur lui en a fait la défense, alors même que, pour une marchandise livrable en gare, elle aurait adressé une lettre d'avis au destinataire (Cass., 15 novembre 1898).

L'expéditeur peut donc faire surseoir au transport, ou désigner un nouveau destinataire, à la condition toutefois de donner ses ordres à la gare expéditrice. En un mot, la Compagnie doit se conformer aux ordres de l'expéditeur, qui doit rester seul maître de l'expédition, tant que le destinataire n'a pas pris livraison.

Remboursements

Les sommes qui suivent les expéditions à titre de remboursement doivent être payées aux expéditeurs aussitôt que les fonds sont encaissés par la Compagnie, et cela dans les délais de grande vitesse.

La Compagnie n'est pas tenue d'aviser l'expéditeur de l'arrivée des fonds (voir lettre d'avis), mais elle peut être condamnée à des dommages-intérêts lorsque l'expéditeur peut prouver que la Compagnie lui a porté préjudice en conservant l'argent par devers elle en dehors des délais fixés par les arrêtés ministériels.

Retards

Sauf le cas de force majeure et du cas fortuit, le retard dans le transport des marchandises peut donner lieu à une indemnité, mais à la condition toutefois de démontrer par des preuves indéniables que ce retard a causé un réel préjudice, duquel la Compagnie doit réparation.

Les demandeurs doivent donc motiver sérieusement leurs réclamations et mettre à la disposition du tribunal toutes les preuves qui sont susceptibles d'attirer l'attention des juges qui ont à connaître l'affaire.

En un mot, pour que le retard donne lieu à des dommages-intérêts, il est nécessaire qu'il ait été la cause d'un préjudice ; pas de préjudice, absence de droit à une indemnité.

Les actions contre les Compagnies pour avaries, pertes ou retards se prescrivent dans le délai d'une année (article 108 du Code de commerce).

Le retard ne peut donner lieu au laissé pour compte, à moins cependant que les marchandises ne soient plus utilisables (voir : *laissé pour compte*).

Les Compagnies n'étant pas tenues d'aviser les destinataires de l'arrivée des marchandises en gare, ces derniers devront toujours, à l'expiration des délais de transport, les réclamer afin d'éviter du retard dans la livraison (voir *lettre d'avis*).

Tarif spécial

Depuis l'arrêté ministériel du 27 octobre 1900, les Compagnies sont tenues de rechercher l'application de la taxe la plus économique ; il suffit donc d'inscrire, sur la déclaration d'expédition, l'une des mentions suivantes :

Tarif spécial, tarif réduit ou tarif le plus réduit.

Les expéditeurs peuvent aussi désigner l'itinéraire qu'ils entendent faire suivre aux marchandises ; dans ce cas, les Compagnies doivent exécuter les ordres qu'elles reçoivent, mais puisqu'en principe les Compagnies sont obligées d'appliquer la taxe la plus économique par la demande d'une des mentions citées plus haut, il paraît inutile de revendiquer des voies et des tarifs qui peuvent parfois être trop coûteux et sur la taxe desquels il serait impossible de revenir pour obtenir détaxe.

CHAPITRE II

GRANDE VITESSE

Expédition des marchandises, Délais de transports

Mise à disposition. — Ouverture des gares

Les animaux, denrées, marchandises et objets quelconques à grande vitesse, seront expédiés par le premier train de voyageurs comprenant des voitures de toutes classes et correspondant avec leur destination, pourvu qu'ils aient été présentés à l'enregistrement trois heures au moins avant l'heure réglementaire du départ de ce train, faute de quoi ils seront remis au départ suivant.

Toutefois, cette prescription n'est pas obligatoire pour les trains express et les trains poste dans lesquels les Compagnies admettent exceptionnellement des voitures de 2e et de 3e classe et qui auront été nommément désignés, tant sur les livrets soumis lors des changements de service à l'approbation ministérielle, que sur les affiches portant la marche des trains à la connaissance du public. Les Compagnies pourront, comme par le passé, être autorisées, sur leur demande, à admettre les petits colis dans les trains express ou poste proprement dits, sauf à appliquer le même traitement à tous les expéditeurs placés dans les mêmes conditions. Les autorisations précédemment accordées sont maintenues.

Pour les animaux, denrées, marchandises et objets quelconques passant d'un réseau sur un autre par une gare commune, le délai de transmission sera de trois heures, à compter de l'arrivée du train qui les aura apportés au point de jonction, et l'expédition, à partir de ce point, aura lieu par le premier train de voyageurs comprenant des voitures de toutes classes dont le départ suivra l'expiration de ce délai.

Le délai de transmission entre les réseaux aboutissant à une même localité, dans deux gares distinctes en communication par rails, sera de six heures, non compris le temps pendant lequel les gares sont fermées, conformément aux deuxième et troisième paragraphes de l'article 5 ci-après, et il sera de la même durée entre les diverses gares de Paris formant têtes de lignes, jusqu'à ce que le service de la grande vitesse, entre lesdites gares, ait été organisé sur le chemin de fer de ceinture, le surplus des conditions énoncées au paragraphe 1er du présent article restant applicable dans ces deux derniers cas.

Un délai plus long pourra être accordé par le Ministre des Travaux Publics pour les diverses gares de chaque réseau, sur la proposition des inspecteurs généraux du contrôle, les Compagnies entendues, sans toutefois pouvoir dépasser le maximum de huit heures.

Les expéditions seront mises à la disposition des destinataires, à la gare, deux heures après l'arrivée du train mentionné aux articles 2 et 3.

Les expéditions arrivant de nuit ne seront mises à la disposition des destinataires que deux heures après l'ouverture de la gare.

Du 1er avril au 30 septembre, les gares seront ouvertes, pour la réception et la livraison des marchandises à grande vitesse, à 6 heures du matin, au plus tard, et fermées, au plus tôt, à 8 heures du soir.

Du 1er octobre au 31 mars, elles seront ouvertes à 7 heures du matin, au plus tard, et fermées, au plus tôt, à 8 heures du soir.

Toutefois, le lait, les fruits, la volaille, la marée et les autres denrées destinées à l'approvisionnement des marchés des villes de Paris, Alençon, Angers, Bolbec, Bordeaux, Caen, Chartres, Dieppe, Dijon (gare de Dijon-Ville), Elbeuf, Fécamp, Le Hâvre, Laval, Lyon, Le Mans, Marseille, Morlaix, Niort, Rennes, Rouen, Saint-Brieuc, Saint-Etienne, Saintes, Toulouse, Versailles, Yvetot, et des autres villes qui seraient ultérieurement désignées par l'administration supérieure, les Compagnies entendues, seront mis à la disposition des destinataires, de nuit comme de jour, dans le délai fixé à l'article 4.

En lisant attentivement les délais de transport auxquels ont droit les Compagnies pour les expéditions de grande vitesse, on pourra, au moyen d'un indicateur de chemin de fer, calculer lesdits délais en ayant soin de prendre comme point de départ l'heure à laquelle les colis ont été remis en gare.

Dans le cas où il ne se serait pas écoulé trois heures au moins entre cette remise et le départ du train, le calcul doit se faire en prenant l'horaire du train suivant pour suivre la correspondance, en ayant soin toutefois d'observer les délais de transmission et autres, et enfin après avoir tenu compte des deux heures supplémentaires que les Compagnies se réservent après l'arrivée du train pour mettre les marchandises à la disposition du destinataire.

Il est spécifié également, dans l'arrêté ministériel, que les animaux, denrées, marchandises et objets quelconques sont expédiées par des *trains de voyageurs;* les trains express sont donc exclus de ces transports, et pour établir les délais, il faut se conformer à l'horaire en prenant la correspondance des trains de voyageurs, et cela par la voie la plus courte *entre le point de départ et celui d'arrivée.*

Bagages (droits de magasinage)

Dépôt des Bagages

Il est perçu pour la garde des bagages déposés dans les gares, sous la responsabilité de la Compagnie, soit avant le départ, soit après l'arrivée des trains :

Un droit fixé, par article, à :

o fr. 05 pour la première période de 24 heures ;

o fr. 05 pour la deuxième période de 24 heures ;

o fr. 05 pour la troisième période de 24 heures ;

o fr. 10 pour la quatrième période de 24 heures ;

o fr. 15 pour la cinquième période de 24 heures ;

o fr. 20 pour chaque période de 24 heures en sus des précédentes.

En ce qui concerne les objets énumérés ci-après : glaces et pianos ; petites voitures, telles que voitures d'enfants et de malades, voitures de marchands ambulants, brouettes, petits chariots et fauteuils roulants ; bicyclettes, tandems, tricycles, voitures automobiles ; machines et mécaniques, telles que machines à coudre, meules à aiguiser, appareils de chauffage, appareils distillatoires, tours et autres machines-outils ; emballages vides non démontés ; échelles et pièces de bois ou de fer de plus de 2 mètres de longueur ; denrées non emballées ; pots de fleurs, arbres et arbustes, les taxes inscrites au tableau sont doublées lorsque ces objets restent à la consigne après avoir été transportés comme bagages, où lorsqu'ils y ont été déposés par une personne qui, au moment du retrait, présentera un billet de place ou une carte équivalente. Elles sont quadruplées lorsque le déposant ne présente pas cette pièce justificative.

Dans tous les cas, le minimum de la perception est fixé à o fr. 10.

La Compagnie peut refuser le dépôt des objets dont la longueur dépasse les dimensions du matériel.

Le dépôt, avant le départ, est constaté par la délivrance d'un bulletin ; le dépôt, après l'arrivée, est constaté, soit par la délivrance d'un bulletin, soit par la conservation, entre les mains du voyageur, du bulletin délivré au départ. Dans ce dernier cas, l'heure d'entrée des bagages au dépôt est constatée par les registres de la Compagnie.

Les compagnies peuvent être autorisées, sur leur demande, à étendre la taxe et les dispositions ci-dessus à leurs bureaux d'omnibus placés dans l'intérieur des villes. Les autorisations précédemment accordées sont maintenues.

Sont exempts de droit de garde ou de dépôt, les bagages des voyageurs forcés de s'arrêter dans les gares de bifurcation pour attendre le départ du premier train qui doit les conduire à destination.

Lorsque l'encombrement des magasins affectés au dépôt des bagages dans une gare a été constaté par le Commissaire de surveillance administrative, la Compagnie est autorisée à faire camionner d'office tout bagage qui ne serait pas retiré dans le délai déterminé ci-après :

Trois jours pour les gares de Paris, cinq jours pour les gares désignées par le Ministre des Travaux publics, huit jours pour les autres gares.

Ce délai commence à courir :

Pour les bagages accompagnés ou non, qui n'ont pas été retirés à l'arrivée du train à dater du lendemain de cette arrivée.

Pour les colis mis à la consigne au départ, à dater du jour du dépôt.

Le camionnage est fait au domicile indiqué sur les bagages et colis, si ceux-ci portent l'indication d'une adresse privée dans la localité, et dans un magasin public, dans le cas contraire.

Les frais de camionnage sont calculés d'après les tarifs fixés par le Ministre des Travaux publics.

Marchandises (drôits de magasinage)

Magasinage

Lorsque les articles de messageries, marchandises, denrées et lait, adressés en gare, ne sont pas enlevés, pour quelque cause que ce soit, dans les délais déterminés à l'article 55, il est perçu pour le magasinage :

Un droit fixé, par fraction indivisible de 100 kilog., à :

o fr. 05 pour la première période de 24 heures ;

o fr. 05 pour la deuxième période de 24 heures ;

o fr. 05 pour la troisième période de 24 heures ;

o fr. 10 pour chaque période de 24 heures en sus.

Le même droit de magasinage est perçu, par fraction indivisible de 1.000 fr. et par 24 heures, pour les articles à la valeur placés dans les mêmes conditions.

Dans les deux cas ci-dessus, le minimum de la perception est fixé à o fr. 10.

Les droits ci-dessus fixés sont également applicables aux articles de messageries, marchandises, denrées, lait et articles à la valeur adressés à domicile, et dont le destinataire serait absent ou inconnu, ou refuserait de prendre livraison, à la condition qu'avis de ces circonstances sera adressé immédiatement par la Compagnie à l'expéditeur ou au cédant.

Dans ce cas, les frais de retour des colis à la gare sont à la charge de la marchandise.

Les chiens dont il n'est pas pris livraison à l'arrivée sont mis en fourrière aux frais, risques et périls de qui de droit.

Les frais de fourrière sont acquittés sur justification des dépenses.

Pesage Grande Vitesse

Il est perçu pour toute marchandise qui, sur la demande de l'expéditeur ou du destinataire, serait soumise à un pesage, en dehors de celui que la Compagnie doit faire à ses frais, au départ, pour établir la taxe :

Un droit de o fr. 10 par fraction indivisible de 100 kilogrammes et par chaque pesage supplémentaire.

Dans ce cas, la Compagnie doit, sur la demande des intéressés, délivrer gratuitement un bulletin constatant le poids des marchandises pesées.

La taxe du pesage supplémentaire n'est pas exigible si ce pesage constate une erreur commise au préjudice de l'expéditeur ou du destinataire.

COLIS POSTAUX

Avaries, pertes, spoliations, indemnités, valeur déclarée

Les Compagnies acceptent les colis postaux sans qu'elles aient à s'inquiéter de ce qu'ils contiennent ; l'essentiel est que le colis qui est présenté soit en parfait état, bien conditionné, avec un emballage résistant. En le livrant au destinataire dans les mêmes conditions, sans trace de violence ni d'avaries, elle est dégagée de toute responsabilité.

Si le colis, au contraire, présente des traces d'avaries ou de soustractions, le destinataire doit en informer le chef de gare et faire constater les faits sur le champ. Dans ce cas, il intervient une expertise amiable et le litige se règle le plus souvent.

Sauf le cas de force majeure, la *perte*, la *spoliation* ou l'*avarie* d'un colis postal donne droit à une indemnité correspondant au montant réel de la perte, de la spoliation ou de l'avarie, sans toutefois que cette indemnité puisse dépasser 15, 25 ou 40 fr., suivant qu'il s'agisse d'un colis de 3, 5 ou 10 kilog.

En cas de perte totale du colis, le réclamant a droit au remboursement du port.

S'il s'agit de colis avec valeur déclarée, l'indemnité peut s'élever jusqu'au montant de sa valeur sans excéder la somme de 500 fr.

Colis sujets à détériorations

Les colis postaux qui ne pourront pas être distribués et qui renfermeront des articles sujets à corruption ou à détérioration, seront vendus immédiatement au profit de qui de droit sans avis préalable ni formalité judiciaire.

Compétence et juridiction

Depuis la promulgation de la loi du 12 juillet 1905, les juges de paix sont compétents pour juger les contestations relatives à l'indemnité afférente à la perte, à l'avarie et à la spoliation des colis postaux.

Les contestations relatives à l'indemnité pour retard semblent également être du ressort des juges de paix. (Voir *retards des colis postaux*).

Elles peuvent être portées, en cas de désaccord, soit devant le juge de paix du domicile de l'expéditeur, ou de celui du destinataire.

Délais de transport

Les colis postaux sont transportés par les trains en usage pour les colis de grande vitesse et dirigés par le même itinéraire que ces colis. Leur expédition, leur transmission d'une Compagnie à une autre et leur livraison auront lieu dans les délais les plus courts fixés par les règlements généraux pour les transports à grande vitesse.

Retards des colis postaux

Le simple retard d'un colis postal, s'il n'était suivi de pertes, d'avaries ou de spoliation, ne pourrait donner lieu à une demande en dommages-intérêts pour retard.

Un arrêt du Conseil d'Etat en date du 23 novembre 1900 en avait ainsi décidé, mais la loi du 12 juillet 1905, concernant la compétence des juges de paix, semble avoir modifié cette situation, car, à la date des 10 janvier et 27 mars 1906, les juges de paix de Toulouse et de Pau, par deux jugements bien motivés et faisant application de la nouvelle loi, ont condamné la Compagnie du Midi à payer l'indemnité réclamée pour retard d'un colis postal et en tous les dépens de l'instance.

Réclamations amiables ou judiciaires

Les réclamations à adresser aux Compagnies peuvent être faites soit par l'expéditeur, soit par le destinataire.

Elles doivent être appuyées du récépissé délivré à l'expéditeur.

OBSERVATIONS

Le commerce, en général, n'attache pas une grande importance à la vérification des lettres de voitures et le plus souvent il confie ces pièces au premier venu sans s'inquiéter si le travail sera fait consciencieusement et, chose essentielle, avec toute la compétence désirable.

Depuis quelques années, un grand nombre d'agences se sont fondées et à côté de celles-ci se sont établis des agents des Compagnies, retraités ou révoqués, qui occupent leurs loisirs à vérifier les récépissés.

Quiconque est au courant des tarifs de chemins de fer n'ignore pas que le matériel et les documents qui sont nécessaires à la tarification, à l'étude des tarifs et aux questions de jurisprudence qui s'y rattachent, sont importants, très coûteux et surtout très difficiles à se procurer en raison de ce que ces publications ne paraissent que par abonnements.

Aussi, les agents des Compagnies, ainsi improvisés détaxateurs, travaillent le plus souvent au hasard, sans méthode et surtout sans documents; c'est pour cette raison que nous recommandons à nos lecteurs de ne jamais détruire leurs lettres de voiture et de les confier en deuxième vérification.

VÉRIFICATION DES LETTRES DE VOITURE

Ch. RAGOT

DIJON, 9, rue Lafayette, 9, DIJON

Cette maison, fondée en 1880, est la plus importante de la région, elle est agréée par les syndicats commerciaux de Dijon, de Besançon, de Troyes, etc., elle fait rembourser chaque année aux Compagnies des sommes considérables. (Voir les reproductions photographiques d'autre part).

La vérification est faite gratuitement s'il n'y a pas d'erreurs, mais, dans le cas contraire, la maison perçoit la moitié des sommes qu'elle fait rembourser.

Les clients encaissent eux-mêmes les sommes détaxées et il n'est pas demandé de procuration.

On peut vérifier les récépissés de cinq années.

Les demandes de renseignements concernant les avaries, pertes, retards, etc., sont données gratuitement contre un timbre pour réponse.

Les lettres de voiture sont conservées pendant une année; passé ce délai, en cas de non-réclamation, elles sont détruites. — Le retour de ces pièces est fait en PORT DU, mais lorsque les colis sont de peu d'importance, il y a avantage pour les clients d'envoyer à l'Agence une feuille de colis postal de 0 fr. 60, de 0 fr. 80 ou de 1 fr. 25, selon que le poids varie entre 3, 5 ou 10 kil.

Reproduction Photographique

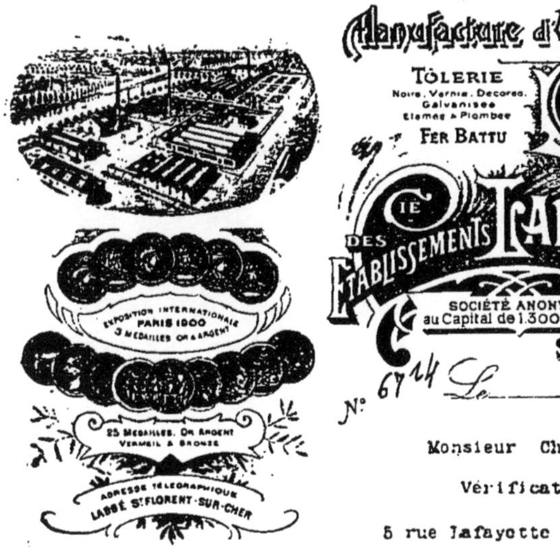

Manufacture d'Ustensiles de Ménage

TÔLERIE
Noire, Vernie, Décorée, Galvanisée, Étamée & Plombée
FER BATTU

L.F.

Cartons Métalliques Bté S.G.D.G. pour Bureaux & Archives
USTENSILES DE LAITERIE

Maison fondée en 1848

Cie DES ÉTABLISSEMENTS LABBÉ FRÈRES
SOCIÉTÉ ANONYME au Capital de 1.300.000 Fr.

EXPOSITION INTERNATIONALE PARIS 1900 3 MÉDAILLES OR & ARGENT

25 MÉDAILLES, OR, ARGENT VERMEIL & BRONZE

ADRESSE TÉLÉGRAPHIQUE LABBÉ St FLORENT-SUR-CHER

St FLORENT (CHER)

N° 6714 Le 19 Septembre 1903

Monsieur Ch. RACOT

Vérification de lettres de voiture

5 rue Lafayette à Dijon (Cote - d'Or)

Nous avons le plaisir de constater que depuis 1901, la Compagnie des chemins de fer d'Orléans nous a remboursé environ treize mille quatre cents francs a titre de détaxe sur nos expéditions que nous vous avons chargé de contrôler.

Les honoraires convenus vous ont été successivement réglés sur ce chiffre et nous comptons sur une solution aussi favorable en ce qui concerne les titres que nous vous avons adressés dernièrement pour vérification.

Veuillez agréer, Monsieur, nos sincères salutations.

L'ADMINISTRATEUR-DIRECTEUR

Reproduction Photographique

Société Anonyme pour la Fabrication de la

SOIE DE CHARDONNET

Capital Social 2.000.000 de Fr.

Marques déposées

Soie artificielle

S.D.C.

Laine artificielle

VESONTIO

Crin artificiel

Paris 1889 – Lyon 1894 – Paris 1900

TÉLÉPHONE

Adresse Télégraphique SOIERIES BESANÇON

LIEBER CODE USED

Adresser toute la correspondance technique et commerciale à M. l'Administrateur Directeur technique et commercial

Pour toutes autres questions écrire à M. le Président du Conseil d'Administration

Besançon, le 16 Septemb. 1903

Monsieur Ch. Ragot
5 rue Lafayette
Dijon

Nous avons reçu votre estimée du 8 courant nous remettant le relevé des détaxes obtenues des Compagnies de chemin de fer s'élevant à la somme de francs 3085.50 chiffre conforme à celui qui nous a été remboursé par notre gare.

Cette semaine nous remettrons à Monsieur Robert nos titres de transport du 1er semestre 1903.

Veuillez agréer Monsieur nos sincères salutations.

SOCIÉTÉ ANONYME
pour la FABRICATION de la SOIE de CHARDONNET
ADMINISTRATEUR-DIRECTEUR TECHNIQUE & COMMERCIAL

Toutes les Expéditions doivent être adressées : EN GARE BESANÇON-MOUILLÈRE. Les wagons complets GARE BESANÇON-MOUILLÈRE EMBRANCHEMENT

Reproduction Photographique

Résultat d'une deuxième vérification

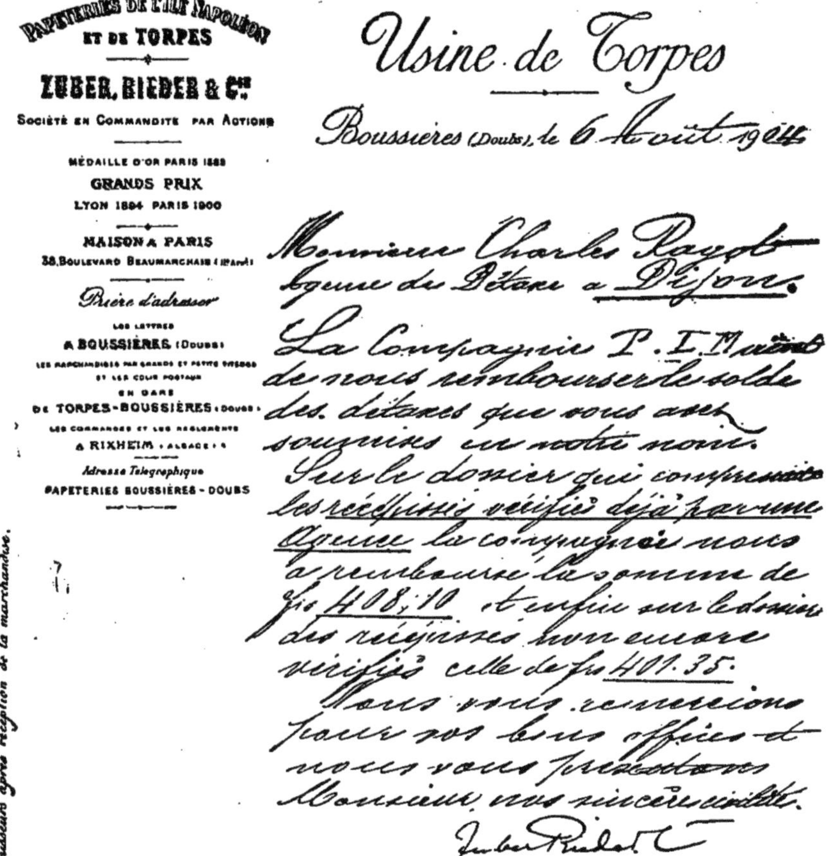

PAPETERIES DE L'ILE NAPOLÉON ET DE TORPES

ZUBER, RIEDER & Cie

Société en Commandite par Actions

Médaille d'or Paris 1889
GRANDS PRIX
Lyon 1894 Paris 1900

MAISON A PARIS
38, Boulevard Beaumarchais (IIIe Arr.)

Prière d'adresser
les lettres
A BOUSSIÈRES (Doubs)
les marchandises par grande et petite vitesse
et les colis postaux
en gare
de TORPES-BOUSSIÈRES (Doubs)
les commandes et les règlements
à RIXHEIM (Alsace)

Adresse Télégraphique
PAPETERIES BOUSSIÈRES - DOUBS

Nous n'acceptons aucune traite sur notre caisse et réglons nos fournisseurs après réception de la marchandise.

Usine de Torpes

Boussières (Doubs), le 6 Août 1904

Monsieur Charles Rayot
Agence de Détaxe à Dijon.

La Compagnie P. L. M. vient de nous rembourser le solde des détaxes que vous avez soumises en notre nom.

Sur le dossier qui comprenait les récépissés vérifiés déjà par une Agence la compagnie nous a remboursé la somme de frs 408,10 et enfin sur le dossier des récépissés non encore vérifiés celle de frs 401.35.

Nous vous remercions pour vos bons offices et nous vous présentons Monsieur, nos sincères civilités.

Zuber Rieder & Cie

Références. — Sommes remboursées.

MM.

Société des Soieries de Chardonnet, à Besançon..............	4.818
Japy frères, industriels à La Feschotte (Doubs)...............	4.625
Perrusson et Desfontaines, industriels à Saint-Julien Ecuisses .	4.460
Etablissement Labbé frères, à Saint-Florent (Cher)............	4.188
Automobiles Peugeot, à Audincourt (Doubs)..................	3.620
Joya père et fils, industriels à Grenoble......................	3.352
Comptoir de Fesches-le-Châtel (Doubs)......................	3.012
Sauvin, successeur des Carrières Lagny, à Comblanchien	2.920
Darnel-Bonardt, constructeur à Dijon........................	2.420
Fèvre et Cie, carrières d'Ancy-le-Franc (Yonne)...............	2.410
Chassignol-Valla, industriel à Lyon...........................	2.073
Verpillat et Grandmottet, industriels à Moirans (Jura)..........	2.061
Forges de Syam, à Syam (Jura).............................	2.043
Konrad, négociant en suifs et corps gras, à Dijon.............	2.020
Usines des produits chimiques Crébely, à Moulin-Rouge (Jura)	1.920
Frédéric Mugnier, distillateur à Dijon........................	1.915
Abel Bresson, distillateur à Genlis (Côte-d'Or)................	1.890
Reboud frères, industriels à Plancher-les-Mines (Haute-Saône).	1.820
Michelot, minotier à Fauvernay (Côte-d'Or)....................	1.760
Distilleries de Brazey et Aiserey (Côte-d'Or)..................	1.700
Duband, industriel à Mont-sous-Vaudrey (Jura)................	1.665
Alfred Brochet, marchand de bois à Dole (Jura)...............	1.620
Perdrizet et Cie, négociant en vins à Dijon..................	1.532
Paul Mangin, fondeur à Luxeuil (Haute-Saône)................	1.530
Magnard et Cie, forges de Fourchambault (Nièvre)............	1.500
Bouhey et Cie, industriel à Montzeron (Côte-d'Or).............	1.423
Grande distillerie du Pouzin (Ardèche).......................	1.325
Laurent frère et beau-frère, industriels à Plancher-les-Mines (H.-S.)	1.322
Jouvenceau frères, négociants à Besançon....................	1.260
Delon, négociant en vins à Beaucaire (Gard)..................	1.300
Spinlder et Cie, industriels à Plancher-les-Mines..............	1.250
Billard, négociant à Lons-le-Saunier........................	1.222
Dalloz, Lefèvre et Cie, fabricants de bleus d'outre-mer à Dijon.	1.220
Louis Monnet, marchand de noix et grains à St-Romans (Isère)	1.215

Picard et Lévy, négociants en tissus à Besancon	1.115
Billet, négociant en vins à Port-Lesney (Jura)	1.112
Grillet, matériaux de construction à Dijon	1.110
Bergaud et Bruno, constructeurs à Mâcon	1.086
Bouhey-Allex, propriétaire-viticulteur à Villers-la-Faye (Côte-d'Or)	1.045
Société cotonnière de Trouhans (Côte-d'Or)	1.043
Cycles et automobiles Cottereau, à Dijon	1.025
Décailly, négociant en bois à Dijon	970
Papeteries de Montbard, à Troyes	925
Victor Fréchin, industriel à Plancher-les-Mines (Haute-Saône)	922
Grosperrin, fers et métaux, à Besançon	895
Jeannin-Naltet, épiciers en gros à Dijon, Bourg et Châlon-s.-S.	845
Proutat et Cie, fabricants de limes à Arnay-le-Duc (Côte-d'Or)	843
Goguel et Cie, industriels à Montbéliard (Doubs)	838
Guillet et Mettey, négociants en vins à Châtillon-sur-Seine (Côte-d'Or)	835
Société des scieries de Saint-Jean-de-Losne (Côte-d'Or)	820
Japy et Cie, industriels à Beaucourt (Doubs)	815
Forges de Saint-Hippolyte (Doubs)	810
Cartonneries de Lucy, à Montceau-les-Mines (Saône-et-Loire)	808
Simonot et fils, fers et métaux, à Dijon	765
Dubied et Cie, constructeurs à Pontarlier (Doubs)	735
Weishardt, fabricant de colle à Dijon	710

TABLE DES MATIÈRES

PETITE VITESSE

GRANDE VITESSE

COLIS POSTAUX

Poligny, imprimerie A. Jacquin

www.ingramcontent.com/pod-product-compliance
Ingram Content Group UK Ltd.
Pitfield, Milton Keynes, MK11 3LW, UK
UKHW022143170726
13837UKWH00004B/1749

9 782329 107752